ALMA + RSI + MACD + DMI/ADX

Strategia dello swing trading

Contenuti

Prefazione

Il trading non porterà alla ricchezza dall'oggi al domani. Chiunque ti dica il contrario o mente o ha fatto un mestiere incredibilmente rischioso che si è rivelato positivo per grazia di Dio.

Il trading comporta un livello di rischio che non è adatto a tutte le persone. Questo libro offre informazioni solo a scopo informativo. Si prega di chiedere una consulenza finanziaria professionale prima di mettere a rischio i propri soldi con questo o qualsiasi altro sistema.

Se sei un trader alla ricerca di una conoscenza più approfondita dell'analisi tecnica, soprattutto per quanto riguarda i metodi di swing e trading posizionale, questo libro fa per te! Tuttavia, anche i trader con orizzonti a breve termine possono trarre grandi vantaggi, poiché possono applicare i concetti e le regole di questo libro a tutti gli intervalli temporali .

A differenza dei trader giornalieri, gli swing trader mantengono posizioni per diversi giorni, diverse settimane e talvolta anche diversi mesi. Tuttavia, analogamente ai day trader, gli swing trader fanno molto affidamento sui segnali provenienti dai modelli grafici e dagli indicatori tecnici per cronometrare le loro entrate e uscite dai titoli. L'obiettivo dello swing trading è trarre profitto a breve termine. Lo swing trading differisce anche dall'approccio buy-and-hold all'investimento.

Credo davvero che, indipendentemente dal livello di esperienza di trading che hai, dopo aver letto questo libro scoprirai che probabilmente hai migliorato le tue abilità e sei diventato un trader ancora più efficiente e, soprattutto, più redditizio.

introduzione

Ciao e grazie per aver acquistato **ALMA + RSI + MACD + DMI/ADX—Strategia Swing Trading** .

In questo libro presento una strategia unica che la professione commerciale deve ancora impartire. Otterrai una strategia di trading completa con precise regole di entrata e uscita.

Il libro si rivolge principalmente agli swing trader che intendono impegnarsi nel processo di negoziazione dell'azione dei prezzi.

Ti presento le strategie e le tecniche dello swing trader, che è un sistema di trading completo per trovare le migliori voci di scambio! Pertanto, il libro fornirà al lettore tutte le risorse e le conoscenze necessarie per avere successo nel trading.

Il libro sarà utile sia ai principianti del mercato azionario che ai trader professionisti.

Puoi applicare la strategia data a qualsiasi asset scambiato attivamente su grandi mercati liquidi, come azioni, forex, materie prime, valute, obbligazioni, ecc.

Spero che troverete questo libro interessante e utile. Se ti è piaciuto questo libro, consiglialo ad altri e lascia una recensione su Amazon.

Comprendere la media mobile di Arnaud Legoux (ALMA)

- Le medie mobili hanno la reputazione di uno strumento entry-level con capacità limitate. Tuttavia, se applicati correttamente, sono molto più complessi e utili di quanto possa sembrare. Oggi diamo uno sguardo più da vicino a un'interessante variazione della media mobile che può diventare una preziosa aggiunta ai tuoi strumenti di analisi tecnica. ALMA, un indicatore relativamente nuovo che ha fatto la sua prima apparizione nel 2009. Può essere utilizzato per tutti gli asset e su tutti gli intervalli temporali.

- La media mobile di Arnaud Legoux (ALMA) è una recente aggiunta alla famiglia degli indicatori tecnici delle medie mobili. L'indicatore Arnaud Legoux Moving Average (ALMA) è stato sviluppato sia da Arnaud Legoux che da Dimitrios Douzis-Loukas nel tentativo di creare una media mobile nuova e migliorata nel tentativo di affrontare i punti deboli delle medie mobili semplici (SMA) e delle medie mobili esponenziali (EMA).). Sono stati ispirati dai filtri gaussiani che avrebbero mostrato fluidità e reattività avanzate rispetto ad altre medie mobili al momento del suo sviluppo.

- La media mobile di Arnaud Legoux (ALMA) è diversa dalle altre medie mobili per il suo design specifico che utilizza la distribuzione gaussiana che viene spostata con un offset calcolato in modo che la media sia sbilanciata verso i giorni più recenti, invece che centrata in modo più uniforme sul finestra.

- Perché qualcuno dovrebbe volere solo un'altra media mobile, non ne abbiamo già molte? Sia sì che no. Esistono infatti numerosi tipi di MA, ciascuno calcolato e applicato in modo leggermente diverso. Arnaud Legoux Moving Average (ALMA) è stato progettato per risolvere due problemi, spesso individuati in diversi tipi di MA: fluidità e reattività. Quando usi, ad esempio, una media mobile semplice, potresti notare che più è fluida, più tempo ci vuole per fornire un segnale. Può anche darsi che quando viene trasmesso il segnale, la mossa che stavi aspettando sia già finita. D'altro canto, una media mobile a breve termine, pur essendo più reattiva, può apparire instabile. Pertanto, quando si utilizza una media mobile tradizionale, è necessario scegliere tra reattività e fluidità. La media mobile Arnaud Legoux è stata creata con lo scopo di risolvere esattamente questo problema. In breve, la media mobile Arnaud Legoux (ALMA) è stata sviluppata come alternativa alle medie mobili convenzionali. Nello specifico, Legoux ha cercato di creare una media mobile fluida senza compromettere la reattività.

Perché un ALMA è utile per i trader?

- La media mobile di Arnaud Legoux fornisce ai trader segnali di prezzo chiari e affidabili, identificando la direzione dell'andamento dei prezzi per aiutarli a decidere quando aprire e chiudere le posizioni di trading su un asset.

- Le medie mobili in genere presuppongono che il prezzo più recente abbia più valore rispetto ai prezzi dei giorni precedenti; tuttavia, ciò non tiene conto della maggiore incertezza sui prezzi nel presente. L'ALMA tenta di fornire un quadro più completo dando meno peso al prezzo più recente e presentando un andamento dei prezzi più uniforme.

- L'ALMA affronta due problemi con le medie mobili, la regolarità della linea di tendenza e la reattività dell'indicatore. La fluidità è importante perché ci consente di prendere decisioni in base alle tendenze reali invece che al rumore casuale. D'altro canto, la reattività è importante per prendere decisioni tempestive. Una media mobile semplice e fluida può richiedere più tempo per fornire un segnale chiaro, con il risultato che il trader perde un'opportunità redditizia. Tuttavia, una media mobile a breve termine può essere più reattiva ma presentare un trend instabile senza segnali chiari. L'ALMA è progettato per fornire fluidità e reattività. Ha lo scopo di aiutare i trader che utilizzano un sistema di trading testato a generare profitti dalle posizioni anche nei mercati in cui i margini sono ristretti, come i cambi.

ALMA contro EMA

Figura 1, grafico giornaliero GBP USD - confronto EMA e ALMA

Il grafico sopra mostra un confronto tra la tradizionale media mobile esponenziale a 50 periodi (nera) e l'ALMA a 50 periodi (viola) applicata ai prezzi di chiusura sul grafico dei prezzi. Puoi vedere come la media mobile Arnaud Legoux offra un mix di reattività e fluidità allo stesso tempo. Nella maggior parte dei casi nell'esempio sopra puoi vedere come il prezzo interagisce prima con l'ALMA che con la media mobile esponenziale.

Le impostazioni della media mobile di Arnaud Legoux (ALMA).

Rispetto alle medie mobili tradizionali, la media mobile Arnaud Legoux presenta alcune impostazioni aggiuntive. Ecco una breve descrizione dei parametri.

Figura 2 , parametri ALMA dell'Apple Daily Chart

1. **Dimensione della finestra:** la dimensione della finestra non è altro che il periodo di ricerca e costituisce la base delle impostazioni di ALMA. Puoi utilizzare la dimensione della finestra ALMA su qualsiasi valore tu voglia, anche se è meglio attenersi ai parametri ben seguiti come 200, 100, 50, 20, 30 e così via in base all'intervallo di tempo di tua scelta.

2. **Offset:** il valore di offset viene utilizzato per migliorare ALMA in modo che sia più propenso alla reattività o alla fluidità. L'offset può essere impostato in decimali compresi tra 0 e 1. Un'impostazione di 0,99 rende ALMA estremamente reattivo, mentre un valore di 0,01 lo rende molto fluido.

3. **Sigma:** l'impostazione sigma è un parametro utilizzato per il filtro. Un'impostazione pari a 6 rende il filtro piuttosto grande mentre un'impostazione sigma più piccola lo rende più focalizzato. Secondo Legoux, un valore sigma pari a 6 offre buone prestazioni.

Come calcolare la media mobile di Arnaud Legoux (ALMA)?

La formula della media mobile di Arnaud Legoux calcola una somma ponderata utilizzando un periodo di tempo specificato, l'offset del filtro gaussiano e una deviazione standard. Crea una linea combinata applicando la media da sinistra a destra e da destra a sinistra, accentuando la deviazione standard.

L'immagine seguente illustra i parametri e il loro posizionamento all'interno della formula della media mobile di Arnaud Legoux

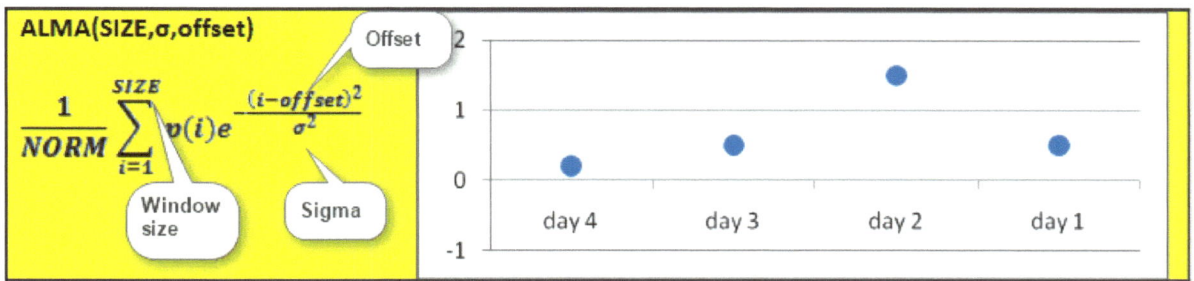

Formula della media mobile di Arnaud Legoux

Conclusione

- Lo scopo dell'Arnaud Legoux Average è ridurre il rumore e generare un segnale più affidabile rispetto alle medie mobili convenzionali.

- Per riassumere, la media mobile Arnaud Legoux è una media mobile progettata specificamente per garantire fluidità e reattività ottimali.

- È stata creata per essere considerata una media mobile superiore al momento del suo sviluppo ed è spesso considerata una media primaria seguita da molti trader e investitori per lo screening del mercato.

Comprensione dell'indice di movimento direzionale medio (ADX)

- L'indicatore dell'indice di movimento direzionale medio (ADX) è un indicatore completo che ci informa sullo slancio, sulla direzione del commercio, se il mercato è in trend o lateralmente e sulla possibilità di un cambiamento di slancio.

- Insieme all'ADX, applicheremo l'indicatore dell'indice di movimento direzionale (DMI), poiché sia ADX che DMI vanno di pari passo. L'indice del movimento direzionale è un indicatore che ci dice se lo strumento è in trend o meno e ci parla della volatilità del mercato.

- Il grafico traccia due diversi indicatori, uno negativo e uno positivo, entrambi DMI. Esiste una terza linea, ADX, che non è direzionale ma mostra la forza del trend.

- Il rapporto tra la media mobile esponenziale del movimento al rialzo, del movimento al ribasso e il range reale costruisce il DMI. I DMI derivano ADX.

Impostazione commerciale: condizioni di acquisto

FIGURA 3: GRAFICO SETTIMANALE DEI TITOLI GLOBALI ALMONDZ

Dal grafico sopra, puoi vedere due candele contrassegnate come A e B sul grafico settimanale. **La candela A** (considerala una **candela di segnale)** il **7 dicembre 2020** è una candela verde rialzista, che fa massimi e minimi sempre più alti, e anche **la candela B** (considerala una **candela di breakout)** il **14 dicembre 2020** è una candela verde rialzista, che dovrebbe chiudersi sopra **la candela di segnale** (candela A) **alta** . Dobbiamo effettuare un'operazione di acquisto al di sopra del massimo della candela di breakout.

Per un potenziale acquisto su base posizionale è necessario soddisfare **cinque condizioni** . Ecco un'interpretazione per ciascuna condizione:

Condizione 1: Media mobile di Arnaud Legoux (ALMA)

- Possiamo creare una posizione long quando l'ALMA a 50 giorni incrocia verso l'alto l'ALMA a 100 giorni.

Condizione 2: Azione del prezzo

- Una volta soddisfatte le condizioni di cui sopra, fai attenzione alla prima candela, un massimo più alto e un minimo più alto o una candela a barra esterna. Considerala come una **candela di segnale (Candela A)** . La seconda candela dovrebbe chiudersi sopra il segnale della candela (candela A) alta. Considerala una **candela di breakout (candela B).**

- **La candela breakout (candela B)** dovrebbe **chiudere** sopra l'**ALMA a 50 giorni.**

Condizione 3: Indice di Forza Relativa (RSI)

- L'RSI della candela di breakout (candela B) dovrebbe essere maggiore dell'RSI della candela di segnale (candela A).

Condizione 4: MACD: Watch Breakout Candle (**Candela B**):

- L'istogramma MACD e la linea MACD devono essere **maggiori** di **0** .

- La linea MACD deve essere **maggiore** del segnale MACD (Linea MACD > Segnale MACD).

- della candela di breakout (**candela B**) (istogramma MACD, linea MACD e segnale MACD) dovrebbe essere maggiore del MACD della candela di segnale (**candela A**).

Condizione 5: INDICE DI MOVIMENTO DIREZIONALE (DMI): Osserva la forza e la direzione della candela di breakout (**candela B**) di un movimento di prezzo tramite:

A) Candela di breakout (candela B): la linea di movimento direzionale positiva (+DI) dovrebbe essere **maggiore** della linea di movimento direzionale negativa (-DI).

B) Candela di breakout (candela B) L'indice direzionale medio (ADX) dovrebbe essere **maggiore** della linea di movimento direzionale negativa (-DI).

C) L'indice direzionale medio (ADX) per la **candela di breakout (candela B)** dovrebbe essere **maggiore** dell'indice direzionale medio (ADX) per la **candela segnale (candela A).**

D) La linea di movimento direzionale positiva (+DI) per la **candela di breakout (Candela B)** dovrebbe essere **maggiore** della linea di movimento direzionale positiva (+DI) per la **candela di segnale (Candela A).**

E) La linea di movimento direzionale negativa (-DI) per la **candela di breakout (Candela B)** dovrebbe essere **inferiore** alla linea di movimento direzionale negativa (-DI) per la **candela di segnale (Candela A).**

➢ Una volta soddisfatte tutte le condizioni di cui sopra, esegui un'operazione di acquisto **al di sopra** del Breakout Candle High

➢ Le fermate dovrebbero essere posizionate **di seguito** :
A) **Candela di segnale (Candela A): OR basso**
B) Le **Candele Riposanti: basso** se presente tra la candela di segnale e la candela di breakout.

   Qualunque sia **il più alto** .

➢ L'obiettivo dovrebbe essere 1:2.

Analisi

AZIONI INDIANI

BAJAJ FINANCE	ORIENT BELL
DYNACONS SYSTEMS & SOLUTIONS	PALRED TECHNOLOGIES
ELECON ENGINEERING COMPANY	PANAMA PETROCHEM
GANESH HOUSING	PDS MULTINATIONAL FASHIONS
GOLDIAM INTERNATIONAL	PG ELECTROPLAST
GOODLUCK INDIA	PITTI ENGINEERING
GULSHAN POLYOLS	PRECOT
MARAL OVERSEAS	SOMANY CERAMICS

1. BAJAJ FINANCE

FIGURA 4: Grafico settimanale BAJAJ FINANCE

Analisi:

A) Nell'intervallo temporale settimanale, **ALMA a 50 giorni** ha incrociato **ALMA a 100 giorni** in su il [12] **ottobre 2020**

B) La candela di segnale ha chiuso sopra l'**ALMA a 50 giorni** il **26** [ottobre] **2020**

C) La candela breakout giornaliera (**2 novembre 2020**) ha incrociato il segnale della candela alta (**2 marzo 2021**) e ha chiuso al di sopra [di esso]

D) Candela di breakout RSI > Candela di segnale RSI

E) MACD:
   - Candela di breakout MACD (istogramma MACD, linea MACD e segnale MACD) > Candela di segnale MACD
   - MACD candela di breakout (istogramma MACD, linea MACD e segnale MACD) > 0
   - Linea MACD della candela di breakout > Segnale MACD della candela di breakout

F) Per **l'indice di movimento direzionale (DMI):**
  ➢ La linea di movimento direzionale positiva della candela di breakout (+DI) è **maggiore** della linea di movimento direzionale negativa (-DI)
  ➢ L'indice direzionale medio della candela di breakout (ADX) è **maggiore** della linea di movimento direzionale negativa (-DI)
  ➢ L'indice direzionale medio (ADX) per la **candela di breakout** è maggiore dell'indice direzionale medio (ADX) per la **candela di segnale**
  ➢ La linea di movimento direzionale positiva (+DI) per la **candela di breakout** è maggiore della linea di movimento direzionale positiva (+DI) per la **candela di segnale**
  ➢ La linea di movimento direzionale negativa (-DI) per la **candela di breakout** è inferiore alla linea di movimento direzionale negativa (-DI) per la **candela di segnale**

Poiché tutte le condizioni erano soddisfatte, avremmo effettuato un'operazione di acquisto **al di sopra** del Breakout Candle High. Gli stop dovrebbero essere posizionati sotto la **candela di segnale bassa** o le **candele a riposo basso** se ce n'è uno tra la candela di segnale e la candela di breakout, a seconda di quale sia **più alta** con un obiettivo di 1:2.

2. DYNACONS SYSTEMS & SOLUTIONS

FIGURA 5: Grafico settimanale DYNACONS SYSTEMS & SOLUTIONS

Analisi:

A) Nell'intervallo temporale settimanale, **ALMA a 50 giorni** ha incrociato **ALMA a 100 giorni** in su [il] **31 agosto 2020**

B) La candela di segnale ha chiuso sopra **l'ALMA a 50 giorni** il **7** [settembre] **2020**

C) La candela di breakout giornaliera (**14** [settembre] **2020**) ha incrociato il segnale della candela alta (**7** [settembre] **2020**) e ha chiuso sopra di essa

D) Candela di breakout RSI > Candela di segnale RSI

E) MACD:
   - Candela di breakout MACD (istogramma MACD, linea MACD e segnale MACD) > Candela di segnale MACD
   - MACD candela di breakout (istogramma MACD, linea MACD e segnale MACD) > 0
   - Linea MACD della candela di breakout > Segnale MACD della candela di breakout

F) Per **l'indice di movimento direzionale (DMI):**
   - La linea di movimento direzionale positiva della candela di breakout (+DI) è **maggiore** della linea di movimento direzionale negativa (-DI)
   - L'indice direzionale medio della candela di breakout (ADX) è **maggiore** della linea di movimento direzionale negativa (-DI)
   - L'indice direzionale medio (ADX) per la **candela di breakout** è maggiore dell'indice direzionale medio (ADX) per la **candela di segnale**
   - La linea di movimento direzionale positiva (+DI) per la **candela di breakout** è maggiore della linea di movimento direzionale positiva (+DI) per la **candela di segnale**
   - La linea di movimento direzionale negativa (-DI) per la **candela di breakout** è inferiore alla linea di movimento direzionale negativa (-DI) per la **candela di segnale**

Poiché tutte le condizioni erano soddisfatte, avremmo effettuato un'operazione di acquisto **al di sopra** del Breakout Candle High. Gli stop dovrebbero essere posizionati sotto la **candela di segnale bassa** o le **candele a riposo basso** se ce n'è uno tra la candela di segnale e la candela di breakout, a seconda di quale sia **più alta** con un obiettivo di 1:2.

3. ELECON ENGINEERING COMPANY

FIGURA 6: Grafico settimanale della ELECON ENGINEERING COMPANY

Analisi:

A) Nell'intervallo temporale settimanale, **ALMA a 50 giorni** ha incrociato **ALMA a 100 giorni** in su il [19] **ottobre 2020**

B) La candela di segnale ha chiuso sopra l'ALMA [a] **50 giorni** il **2 novembre 2020**

C) La candela breakout giornaliera (**17 novembre 2020**) ha incrociato il segnale della candela alta (**2 novembre 2020**) e ha chiuso al di sopra [di esso]

D) Candela di breakout RSI **>** Candela di segnale RSI

E) MACD:
- Candela di breakout MACD (istogramma MACD, linea MACD e segnale MACD) > Candela di segnale MACD
- MACD candela di breakout (istogramma MACD, linea MACD e segnale MACD) > 0
- Linea MACD della candela di breakout > Segnale MACD della candela di breakout

F) Per **l'indice di movimento direzionale (DMI):**

> La linea di movimento direzionale positiva della candela di breakout (+DI) è **maggiore** della linea di movimento direzionale negativa (-DI)

> L'indice direzionale medio della candela di breakout (ADX) è **maggiore** della linea di movimento direzionale negativa (-DI)

> L'indice direzionale medio (ADX) per la **candela di breakout** è maggiore dell'indice direzionale medio (ADX) per la **candela di segnale**

> La linea di movimento direzionale positiva (+DI) per la **candela di breakout** è maggiore della linea di movimento direzionale positiva (+DI) per la **candela di segnale**

> La linea di movimento direzionale negativa (-DI) per la **candela di breakout** è inferiore alla linea di movimento direzionale negativa (-DI) per la **candela di segnale**

Poiché tutte le condizioni erano soddisfatte, avremmo effettuato un'operazione di acquisto **al di sopra** del Breakout Candle High. Gli stop dovrebbero essere posizionati sotto la **candela di segnale bassa** o le **candele a riposo basso** se ce n'è uno tra la candela di segnale e la candela di breakout, a seconda di quale sia **più alta** con un obiettivo di 1:2.

4. GANESH HOUSING

FIGURA 7: Grafico settimanale delle GANESH HOUSING

Analisi:

A) Nell'intervallo temporale settimanale, **ALMA a 50 giorni** ha incrociato **ALMA a 100 giorni** in su il [17] **novembre 2020**

B) La candela di segnale ha chiuso sopra **l'ALMA a 50 giorni** il **17** [novembre] **2020**

C) La candela breakout giornaliera (**23 novembre 2020**) ha incrociato il segnale della candela alta (**17** [novembre] **2020**) e ha chiuso al di sopra di [esso]

D) Candela di breakout RSI > Candela di segnale RSI

E) MACD:
   - Candela di breakout MACD (istogramma MACD, linea MACD e segnale MACD) > Candela di segnale MACD
   - MACD candela di breakout (istogramma MACD, linea MACD e segnale MACD) > 0
   - Linea MACD della candela di breakout > Segnale MACD della candela di breakout

22

F) Per **l'indice di movimento direzionale (DMI):**
> La linea di movimento direzionale positiva della candela di breakout (+DI) è **maggiore** della linea di movimento direzionale negativa (-DI)
> L'indice direzionale medio della candela di breakout (ADX) è **maggiore** della linea di movimento direzionale negativa (-DI)
> L'indice direzionale medio (ADX) per la **candela di breakout** è maggiore dell'indice direzionale medio (ADX) per la **candela di segnale**
> La linea di movimento direzionale positiva (+DI) per la **candela di breakout** è maggiore della linea di movimento direzionale positiva (+DI) per la **candela di segnale**
> La linea di movimento direzionale negativa (-DI) per la **candela di breakout** è inferiore alla linea di movimento direzionale negativa (-DI) per la **candela di segnale**

Poiché tutte le condizioni erano soddisfatte, avremmo effettuato un'operazione di acquisto **al di sopra** del Breakout Candle High. Gli stop dovrebbero essere posizionati sotto la **candela di segnale bassa** o le **candele a riposo basso** se ce n'è uno tra la candela di segnale e la candela di breakout, a seconda di quale sia **più alta** con un obiettivo di 1:2.

5. GOLDIAM INTERNATIONAL

FIGURA 8: Grafico settimanale GOLDIAM INTERNATIONAL

Analisi:

A) Nell'intervallo temporale settimanale, **ALMA da 50 giorni** ha incrociato **ALMA da 100 giorni** in su il [ii] **5 ottobre 2020**

B) La candela di segnale ha chiuso sopra **l'ALMA a 50 giorni** il 5 [ottobre] **2020**

C) La candela di breakout giornaliera (**19** [ottobre] **2020**) ha incrociato il segnale della candela alta (**05** [ottobre] **2020**) e ha chiuso sopra di essa

D) Candela di breakout RSI > Candela di segnale RSI

E) MACD:
   - Candela di breakout MACD (istogramma MACD, linea MACD e segnale MACD) > Candela di segnale MACD
   - MACD candela di breakout (istogramma MACD, linea MACD e segnale MACD) > 0
   - Linea MACD della candela di breakout > Segnale MACD della candela di breakout

F) Per **l'indice di movimento direzionale (DMI):**
  ➤ La linea di movimento direzionale positiva della candela di breakout (+DI) è **maggiore** della linea di movimento direzionale negativa (-DI)
  ➤ L'indice direzionale medio della candela di breakout (ADX) è **maggiore** della linea di movimento direzionale negativa (-DI)
  ➤ L'indice direzionale medio (ADX) per la **candela di breakout** è maggiore dell'indice direzionale medio (ADX) per la **candela di segnale**
  ➤ La linea di movimento direzionale positiva (+DI) per la **candela di breakout** è maggiore della linea di movimento direzionale positiva (+DI) per la **candela di segnale**
  ➤ La linea di movimento direzionale negativa (-DI) per la **candela di breakout** è inferiore alla linea di movimento direzionale negativa (-DI) per la **candela di segnale**

Poiché tutte le condizioni erano soddisfatte, avremmo effettuato un'operazione di acquisto **al di sopra** del Breakout Candle High. Gli stop dovrebbero essere posizionati sotto la **candela di segnale bassa** o le **candele a riposo basso** se ce n'è uno tra la candela di segnale e la candela di breakout, a seconda di quale sia **più alta** con un obiettivo di 1:2.

6. GOODLUCK INDIA

FIGURA 9: Grafico settimanale GOODLUCK INDIA

Analisi:

A) Nell'intervallo temporale settimanale, **ALMA da 50 giorni** ha incrociato **ALMA da 100 giorni** in su [il] **5 ottobre 2020**

B) La candela di segnale ha chiuso sopra l'**ALMA a 50 giorni** il **9** [novembre] **2020**

C) La candela breakout giornaliera (**23 novembre 2020**) ha incrociato il segnale della candela alta (**9** [novembre] **2020**) e ha chiuso al di sopra di [esso]

D) Candela di breakout RSI > Candela di segnale RSI

E) MACD:
   - Candela di breakout MACD (istogramma MACD, linea MACD e segnale MACD) > Candela di segnale MACD
   - MACD candela di breakout (istogramma MACD, linea MACD e segnale MACD) > 0
   - Linea MACD della candela di breakout > Segnale MACD della candela di breakout

F) Per **l'indice di movimento direzionale (DMI):**
  - ➤ La linea di movimento direzionale positiva della candela di breakout (+DI) è **maggiore** della linea di movimento direzionale negativa (-DI)
  - ➤ L'indice direzionale medio della candela di breakout (ADX) è **maggiore** della linea di movimento direzionale negativa (-DI)
  - ➤ L'indice direzionale medio (ADX) per la **candela di breakout** è maggiore dell'indice direzionale medio (ADX) per la **candela di segnale**
  - ➤ La linea di movimento direzionale positiva (+DI) per la **candela di breakout** è maggiore della linea di movimento direzionale positiva (+DI) per la **candela di segnale**
  - ➤ La linea di movimento direzionale negativa (-DI) per la **candela di breakout** è inferiore alla linea di movimento direzionale negativa (-DI) per la **candela di segnale**

Poiché tutte le condizioni erano soddisfatte, avremmo effettuato un'operazione di acquisto **al di sopra** del Breakout Candle High. Gli stop dovrebbero essere posizionati sotto la **candela di segnale bassa** o le **candele a riposo basso** se ce n'è uno tra la candela di segnale e la candela di breakout, a seconda di quale sia **più alta** con un obiettivo di 1:2.

7. GULSHAN POLYOLS

FIGURA 10: Grafico settimanale dei GULSHAN POLYOLS

Analisi:

A) Nell'intervallo temporale settimanale, **ALMA a 50 giorni** ha incrociato **ALMA a 100 giorni** in su il 31 **agosto 2020**

B) La candela di segnale è stata chiusa sopra l'**ALMA a 50 giorni** il **31** agosto **2020**

C) La candela breakout giornaliera (**7** settembre **2020**) ha incrociato il livello della candela segnale (**31** agosto **2020**) e ha chiuso sopra di esso

D) Candela di breakout RSI **>** Candela di segnale RSI

E) MACD:
- Candela di breakout MACD (istogramma MACD, linea MACD e segnale MACD) > Candela di segnale MACD
- MACD candela di breakout (istogramma MACD, linea MACD e segnale MACD) > 0
- Linea MACD della candela di breakout > Segnale MACD della candela di breakout

F) Per **l'indice di movimento direzionale (DMI):**
   - ➢ La linea di movimento direzionale positiva della candela di breakout (+DI) è **maggiore** della linea di movimento direzionale negativa (-DI)
   - ➢ L'indice direzionale medio della candela di breakout (ADX) è **maggiore** della linea di movimento direzionale negativa (-DI)
   - ➢ L'indice direzionale medio (ADX) per la **candela di breakout** è maggiore dell'indice direzionale medio (ADX) per la **candela di segnale**
   - ➢ La linea di movimento direzionale positiva (+DI) per la **candela di breakout** è maggiore della linea di movimento direzionale positiva (+DI) per la **candela di segnale**
   - ➢ La linea di movimento direzionale negativa (-DI) per la **candela di breakout** è inferiore alla linea di movimento direzionale negativa (-DI) per la **candela di segnale**

Poiché tutte le condizioni erano soddisfatte, avremmo effettuato un'operazione di acquisto **al di sopra** del Breakout Candle High. Gli stop dovrebbero essere posizionati sotto la **candela di segnale bassa** o le **candele a riposo basso** se ce n'è uno tra la candela di segnale e la candela di breakout, a seconda di quale sia **più alta** con un obiettivo di 1:2.

8. MARAL OVERSEAS

FIGURA 11: Grafico settimanale MARAL OVERSEAS

Analisi:

A) Nell'intervallo temporale settimanale, **ALMA a 50 giorni** ha incrociato **ALMA a 100 giorni** in su [il] **9 novembre 2020**

B) La candela di segnale ha chiuso sopra **l'ALMA a 50 giorni** il **9** [novembre] **2020**

C) La candela breakout giornaliera (**17 novembre 2020**) ha incrociato il segnale della candela alta (**9** [novembre] **2020**) e ha chiuso sopra di [esso]

D) Candela di breakout RSI > Candela di segnale RSI

E) MACD:
- Candela di breakout MACD (istogramma MACD, linea MACD e segnale MACD) > Candela di segnale MACD
- MACD candela di breakout (istogramma MACD, linea MACD e segnale MACD) > 0
- Linea MACD della candela di breakout > Segnale MACD della candela di breakout

F) Per **l'indice di movimento direzionale (DMI):**
  ➤ La linea di movimento direzionale positiva della candela di breakout (+DI) è **maggiore** della linea di movimento direzionale negativa (-DI)
  ➤ L'indice direzionale medio della candela di breakout (ADX) è **maggiore** della linea di movimento direzionale negativa (-DI)
  ➤ L'indice direzionale medio (ADX) per la **candela di breakout** è maggiore dell'indice direzionale medio (ADX) per la **candela di segnale**
  ➤ La linea di movimento direzionale positiva (+DI) per la **candela di breakout** è maggiore della linea di movimento direzionale positiva (+DI) per la **candela di segnale**
  ➤ La linea di movimento direzionale negativa (-DI) per la **candela di breakout** è inferiore alla linea di movimento direzionale negativa (-DI) per la **candela di segnale**

Poiché tutte le condizioni erano soddisfatte, avremmo effettuato un'operazione di acquisto **al di sopra** del Breakout Candle High. Gli stop dovrebbero essere posizionati sotto la **candela di segnale bassa** o le **candele a riposo basso** se ce n'è uno tra la candela di segnale e la candela di breakout, a seconda di quale sia **più alta** con un obiettivo di 1:2.

9. ORIENT BELL

FIGURA 12: Grafico settimanale ORIENT BELL

Analisi:

A) Nell'intervallo temporale settimanale, **ALMA a 50 giorni** ha incrociato **ALMA a 100 giorni** in su il [12] **ottobre 2020**

B) La candela di segnale ha chiuso sopra **l'ALMA a 50 giorni** il **12** [ottobre] **2020**

C) La candela breakout giornaliera (**19** [ottobre] **2020**) ha incrociato il segnale della candela alta (**12** [ottobre] **2020**) e ha chiuso sopra di esso

D) Candela di breakout RSI > Candela di segnale RSI

E) MACD:
    *   Candela di breakout MACD (istogramma MACD, linea MACD e segnale MACD) > Candela di segnale MACD
    *   MACD candela di breakout (istogramma MACD, linea MACD e segnale MACD) > 0
    *   Linea MACD della candela di breakout > Segnale MACD della candela di breakout

F) Per **l'indice di movimento direzionale (DMI):**
> La linea di movimento direzionale positiva della candela di breakout (+DI) è **maggiore** della linea di movimento direzionale negativa (-DI)
> L'indice direzionale medio della candela di breakout (ADX) è **maggiore** della linea di movimento direzionale negativa (-DI)
> L'indice direzionale medio (ADX) per la **candela di breakout** è maggiore dell'indice direzionale medio (ADX) per la **candela di segnale**
> La linea di movimento direzionale positiva (+DI) per la **candela di breakout** è maggiore della linea di movimento direzionale positiva (+DI) per la **candela di segnale**
> La linea di movimento direzionale negativa (-DI) per la **candela di breakout** è inferiore alla linea di movimento direzionale negativa (-DI) per la **candela di segnale**

Poiché tutte le condizioni erano soddisfatte, avremmo effettuato un'operazione di acquisto **al di sopra** del Breakout Candle High. Gli stop dovrebbero essere posizionati sotto la **candela di segnale bassa** o le **candele a riposo basso** se ce n'è uno tra la candela di segnale e la candela di breakout, a seconda di quale sia **più alta** con un obiettivo di 1:2.

10. PALRED TECHNOLOGIES

FIGURA 13: Grafico settimanale PALRED TECHNOLOGIES

Analisi:

A) Nell'intervallo temporale settimanale, **ALMA a 50 giorni** ha incrociato **ALMA a 100 giorni** in su il [17] **agosto 2020**

B) La candela di segnale è stata chiusa sopra l'**ALMA a 50 giorni** il **24** [agosto] **2020**

C) La candela di breakout giornaliera (**31** [agosto] **2020**) ha incrociato il segnale della candela alta (**24** [agosto] **2020**) e ha chiuso sopra di essa

D) Candela di breakout RSI > Candela di segnale RSI

E) MACD:
- Candela di breakout MACD (istogramma MACD, linea MACD e segnale MACD) > Candela di segnale MACD
- MACD candela di breakout (istogramma MACD, linea MACD e segnale MACD) > 0
- Linea MACD della candela di breakout > Segnale MACD della candela di breakout

F) Per **l'indice di movimento direzionale (DMI):**
  ➢ La linea di movimento direzionale positiva della candela di breakout (+DI) è **maggiore** della linea di movimento direzionale negativa (-DI)
  ➢ L'indice direzionale medio della candela di breakout (ADX) è **maggiore** della linea di movimento direzionale negativa (-DI)
  ➢ L'indice direzionale medio (ADX) per la **candela di breakout** è maggiore dell'indice direzionale medio (ADX) per la **candela di segnale**
  ➢ La linea di movimento direzionale positiva (+DI) per la **candela di breakout** è maggiore della linea di movimento direzionale positiva (+DI) per la **candela di segnale**
  ➢ La linea di movimento direzionale negativa (-DI) per la **candela di breakout** è inferiore alla linea di movimento direzionale negativa (-DI) per la **candela di segnale**

Poiché tutte le condizioni erano soddisfatte, avremmo effettuato un'operazione di acquisto **al di sopra** del Breakout Candle High. Gli stop dovrebbero essere posizionati sotto la **candela di segnale bassa** o le **candele a riposo basso** se ce n'è uno tra la candela di segnale e la candela di breakout, a seconda di quale sia **più alta** con un obiettivo di 1:2.

11. PANAMA PETROCHEM

FIGURA 14: Grafico settimanale PANAMA PETROCHEM

Analisi:

A) Nell'intervallo temporale settimanale, **ALMA a 50 giorni** ha incrociato **ALMA a 100 giorni** in su il [12] **ottobre 2020**

B) La candela di segnale ha chiuso sopra l'**ALMA a 50 giorni** il **26** [ottobre] **2020**

C) La candela di breakout giornaliera (**9** [novembre] **2020**) ha incrociato il livello della candela di segnale (**26** [ottobre] **2020**) e ha chiuso al di sopra di esso

D) Candela di breakout RSI > Candela di segnale RSI

E) MACD:
   - Candela di breakout MACD (istogramma MACD, linea MACD e segnale MACD) > Candela di segnale MACD
   - MACD candela di breakout (istogramma MACD, linea MACD e segnale MACD) > 0
   - Linea MACD della candela di breakout > Segnale MACD della candela di breakout

F) Per **l'indice di movimento direzionale (DMI):**
  - ➤ La linea di movimento direzionale positiva della candela di breakout (+DI) è **maggiore** della linea di movimento direzionale negativa (-DI)
  - ➤ L'indice direzionale medio della candela di breakout (ADX) è **maggiore** della linea di movimento direzionale negativa (-DI)
  - ➤ L'indice direzionale medio (ADX) per la **candela di breakout** è maggiore dell'indice direzionale medio (ADX) per la **candela di segnale**
  - ➤ La linea di movimento direzionale positiva (+DI) per la **candela di breakout** è maggiore della linea di movimento direzionale positiva (+DI) per la **candela di segnale**
  - ➤ La linea di movimento direzionale negativa (-DI) per la **candela di breakout** è inferiore alla linea di movimento direzionale negativa (-DI) per la **candela di segnale**

Poiché tutte le condizioni erano soddisfatte, avremmo effettuato un'operazione di acquisto **al di sopra** del Breakout Candle High. Gli stop dovrebbero essere posizionati sotto la **candela di segnale bassa** o le **candele a riposo basso** se ce n'è uno tra la candela di segnale e la candela di breakout, a seconda di quale sia **più alta** con un obiettivo di 1:2.

12. PDS MULTINATIONAL FASHIONS

FIGURA 15: Grafico settimanale PDS MULTINATIONAL FASHIONS

Analisi:

A) Nell'intervallo temporale settimanale, **ALMA a 50 giorni** ha incrociato **ALMA a 100 giorni** in su [ii] **2 novembre 2020**

B) La candela di segnale ha chiuso sopra l'ALMA [a] **50 giorni** il **2 novembre 2020**

C) La candela breakout giornaliera ([9] **novembre 2020**) ha incrociato il segnale della candela alta (**2 novembre 2020**) e ha chiuso al di sopra di [esso]

D) Candela di breakout RSI > Candela di segnale RSI

E) MACD:
   - Candela di breakout MACD (istogramma MACD, linea MACD e segnale MACD) > Candela di segnale MACD
   - MACD candela di breakout (istogramma MACD, linea MACD e segnale MACD) > 0
   - Linea MACD della candela di breakout > Segnale MACD della candela di breakout

F) Per **l'indice di movimento direzionale (DMI):**
  - ➤ La linea di movimento direzionale positiva della candela di breakout (+DI) è **maggiore** della linea di movimento direzionale negativa (-DI)
  - ➤ L'indice direzionale medio della candela di breakout (ADX) è **maggiore** della linea di movimento direzionale negativa (-DI)
  - ➤ L'indice direzionale medio (ADX) per la **candela di breakout** è maggiore dell'indice direzionale medio (ADX) per la **candela di segnale**
  - ➤ La linea di movimento direzionale positiva (+DI) per la **candela di breakout** è maggiore della linea di movimento direzionale positiva (+DI) per la **candela di segnale**
  - ➤ La linea di movimento direzionale negativa (-DI) per la **candela di breakout** è inferiore alla linea di movimento direzionale negativa (-DI) per la **candela di segnale**

Poiché tutte le condizioni erano soddisfatte, avremmo effettuato un'operazione di acquisto **al di sopra** del Breakout Candle High. Gli stop dovrebbero essere posizionati sotto la **candela di segnale bassa** o le **candele a riposo basso** se ce n'è uno tra la candela di segnale e la candela di breakout, a seconda di quale sia **più alta** con un obiettivo di 1:2.

13. PG ELECTROPLAST

FIGURA 16: Grafico settimanale PG ELECTROPLAST

Analisi:

A) Nell'intervallo temporale settimanale, **ALMA a 50 giorni** ha incrociato **ALMA a 100 giorni** in su **il 21** settembre **2020**

B) La candela di segnale ha chiuso sopra l'**ALMA a 50 giorni** il **21** settembre **2020**

C) La candela di breakout giornaliera (**28** settembre **2020**) ha incrociato il segnale della candela alta (**21** settembre **2020**) e ha chiuso sopra di essa

D) Candela di breakout RSI **>** Candela di segnale RSI

E) MACD:
- Candela di breakout MACD (istogramma MACD, linea MACD e segnale MACD) > Candela di segnale MACD
- MACD candela di breakout (istogramma MACD, linea MACD e segnale MACD) > 0
- Linea MACD della candela di breakout > Segnale MACD della candela di breakout

F) Per **l'indice di movimento direzionale (DMI):**
  ➤ La linea di movimento direzionale positiva della candela di breakout (+DI) è **maggiore** della linea di movimento direzionale negativa (-DI)
  ➤ L'indice direzionale medio della candela di breakout (ADX) è **maggiore** della linea di movimento direzionale negativa (-DI)
  ➤ L'indice direzionale medio (ADX) per la **candela di breakout** è maggiore dell'indice direzionale medio (ADX) per la **candela di segnale**
  ➤ La linea di movimento direzionale positiva (+DI) per la **candela di breakout** è maggiore della linea di movimento direzionale positiva (+DI) per la **candela di segnale**
  ➤ La linea di movimento direzionale negativa (-DI) per la **candela di breakout** è inferiore alla linea di movimento direzionale negativa (-DI) per la **candela di segnale**

Poiché tutte le condizioni erano soddisfatte, avremmo effettuato un'operazione di acquisto **al di sopra** del Breakout Candle High. Gli stop dovrebbero essere posizionati sotto la **candela di segnale bassa** o le **candele a riposo basso** se ce n'è uno tra la candela di segnale e la candela di breakout, a seconda di quale sia **più alta** con un obiettivo di 1:2.

14. PITTI ENGINEERING

FIGURA 17: Grafico settimanale di PITTI ENGINEERING

Analisi:

A) Nell'intervallo temporale settimanale, **ALMA a 50 giorni** ha incrociato **ALMA a 100 giorni** in su il **2 novembre 2020**

B) La candela di segnale ha chiuso sopra l'ALMA a **50 giorni** il **2 novembre 2020**

C) La candela breakout giornaliera (**1 dicembre 2020**) ha incrociato il segnale della candela alta (**2 novembre 2020**) e ha chiuso sopra di esso

D) Candela di breakout RSI > Candela di segnale RSI

E) MACD:
   - Candela di breakout MACD (istogramma MACD, linea MACD e segnale MACD) > Candela di segnale MACD
   - MACD candela di breakout (istogramma MACD, linea MACD e segnale MACD) > 0
   - Linea MACD della candela di breakout > Segnale MACD della candela di breakout

F) Per **l'indice di movimento direzionale (DMI):**

> La linea di movimento direzionale positiva della candela di breakout (+DI) è **maggiore** della linea di movimento direzionale negativa (-DI)

> L'indice direzionale medio della candela di breakout (ADX) è **maggiore** della linea di movimento direzionale negativa (-DI)

> L'indice direzionale medio (ADX) per la **candela di breakout** è maggiore dell'indice direzionale medio (ADX) per la **candela di segnale**

> La linea di movimento direzionale positiva (+DI) per la **candela di breakout** è maggiore della linea di movimento direzionale positiva (+DI) per la **candela di segnale**

> La linea di movimento direzionale negativa (-DI) per la **candela di breakout** è inferiore alla linea di movimento direzionale negativa (-DI) per la **candela di segnale**

Poiché tutte le condizioni erano soddisfatte, avremmo effettuato un'operazione di acquisto **al di sopra** del Breakout Candle High. Gli stop dovrebbero essere posizionati sotto la **candela di segnale bassa** o le **candele a riposo basso** se ce n'è uno tra la candela di segnale e la candela di breakout, a seconda di quale sia **più alta** con un obiettivo di 1:2.

15. PRECOT

FIGURA 18: Grafico settimanale PRECOT

Analisi:

A) Nell'intervallo temporale settimanale, **ALMA a 50 giorni** ha incrociato **ALMA a 100 giorni** in su **il 28 settembre 2020**

B) La candela di segnale ha chiuso sopra l'**ALMA a 50 giorni** il **19** [ottobre] **2020**

C) La candela Breakout giornaliera (**26** [ottobre] **2020**) ha incrociato il Signal Candle High (**19** [ottobre] **2020**) e ha chiuso sopra di esso

D) Candela di breakout RSI **>** Candela di segnale RSI

E) MACD:
   - Candela di breakout MACD (istogramma MACD, linea MACD e segnale MACD) > Candela di segnale MACD
   - MACD candela di breakout (istogramma MACD, linea MACD e segnale MACD) > 0
   - Linea MACD della candela di breakout > Segnale MACD della candela di breakout

F) Per **l'indice di movimento direzionale (DMI):**
  - ➢ La linea di movimento direzionale positiva della candela di breakout (+DI) è **maggiore** della linea di movimento direzionale negativa (-DI)
  - ➢ L'indice direzionale medio della candela di breakout (ADX) è **maggiore** della linea di movimento direzionale negativa (-DI)
  - ➢ L'indice direzionale medio (ADX) per la **candela di breakout** è maggiore dell'indice direzionale medio (ADX) per la **candela di segnale**
  - ➢ La linea di movimento direzionale positiva (+DI) per la **candela di breakout** è maggiore della linea di movimento direzionale positiva (+DI) per la **candela di segnale**
  - ➢ La linea di movimento direzionale negativa (-DI) per la **candela di breakout** è inferiore alla linea di movimento direzionale negativa (-DI) per la **candela di segnale**

Poiché tutte le condizioni erano soddisfatte, avremmo effettuato un'operazione di acquisto **al di sopra** del Breakout Candle High. Gli stop dovrebbero essere posizionati sotto la **candela di segnale bassa** o le **candele a riposo basso** se ce n'è uno tra la candela di segnale e la candela di breakout, a seconda di quale sia **più alta** con un obiettivo di 1:2.

16. SOMANY CERAMICS

FIGURA 19: Grafico settimanale SOMANY CERAMICS

Analisi:

A) Nell'intervallo temporale settimanale, **ALMA a 50 giorni** ha incrociato **ALMA a 100 giorni** in su il [12] **ottobre 2020**

B) La candela di segnale ha chiuso sopra l'**ALMA a 50 giorni** il **19** [ottobre] **2020**

C) La candela breakout giornaliera (**9** [novembre] **2020**) ha incrociato il segnale della candela alta (**19** [ottobre] **2020**) e ha chiuso sopra di esso

D) Candela di breakout RSI > Candela di segnale RSI

E) MACD:
- Candela di breakout MACD (istogramma MACD, linea MACD e segnale MACD) > Candela di segnale MACD
- MACD candela di breakout (istogramma MACD, linea MACD e segnale MACD) > 0
- Linea MACD della candela di breakout > Segnale MACD della candela di breakout

F) Per **l'indice di movimento direzionale (DMI):**
  ➢ La linea di movimento direzionale positiva della candela di breakout (+DI) è **maggiore** della linea di movimento direzionale negativa (-DI)
  ➢ L'indice direzionale medio della candela di breakout (ADX) è **maggiore** della linea di movimento direzionale negativa (-DI)
  ➢ L'indice direzionale medio (ADX) per la **candela di breakout** è maggiore dell'indice direzionale medio (ADX) per la **candela di segnale**
  ➢ La linea di movimento direzionale positiva (+DI) per la **candela di breakout** è maggiore della linea di movimento direzionale positiva (+DI) per la **candela di segnale**
  ➢ La linea di movimento direzionale negativa (-DI) per la **candela di breakout** è inferiore alla linea di movimento direzionale negativa (-DI) per la **candela di segnale**

Poiché tutte le condizioni erano soddisfatte, avremmo effettuato un'operazione di acquisto **al di sopra** del Breakout Candle High. Gli stop dovrebbero essere posizionati sotto la **candela di segnale bassa** o le **candele a riposo basso** se ce n'è uno tra la candela di segnale e la candela di breakout, a seconda di quale sia **più alta** con un obiettivo di 1:2.

Riepilogo

In conclusione, la strategia di Swing Trading indicata fa uso della media mobile di Arnaud Legoux (ALMA), che costituisce il tema centrale della strategia di trading menzionata. L'ALMA è un interessante indicatore di media mobile che pretende di bilanciare la reattività dell'indicatore al prezzo pur essendo allo stesso tempo fluido, un fattore che finora è rimasto sfuggente alla maggior parte delle altre forme di medie mobili.

Puoi applicare ALMA praticamente a qualsiasi tendenza o controtendenza che segue la strategia di trading e persino sostituire le strategie di trading esistenti che utilizzano medie mobili semplici o esponenziali. Con solo tre parametri da modificare, puoi modificare l'ALMA per ciascun mercato per catturare adeguatamente la volatilità e consentire un modo migliore per negoziare le tendenze del mercato.

Tutti gli strumenti di tendenza, come azioni, forex, materie prime, futures, criptovalute, ecc., funzionano bene con ALMA. Questi sono i motivi per cui ALMA è uno degli indicatori più versatili attualmente a disposizione dei trader.

Per maggiori dettagli o chiarimenti potete scrivermi a wisdomtranquil@gmail.com.

Sarei più che felice di aiutarti a capire meglio con la mia umile conoscenza sullo stesso.